BEI GRIN MACHT SICH IHR
WISSEN BEZAHLT

Marijke Lichte

Rechnen und Reden im Traum in Sigmund Freuds "Traumdeutung", Kapitel VI. "Die Traumarbeit"

Eine vergleichende Untersuchung unter Einbeziehung von Beispielen aus der antiken griechischen Literatur

GRIN Verlag

Bibliografische Information der Deutschen Nationalbibliothek:

Die Deutsche Bibliothek verzeichnet diese Publikation in der Deutschen National-
bibliografie; detaillierte bibliografische Daten sind im Internet über http://dnb.d-
nb.de/ abrufbar.

Dieses Werk sowie alle darin enthaltenen einzelnen Beiträge und Abbildungen
sind urheberrechtlich geschützt. Jede Verwertung, die nicht ausdrücklich vom
Urheberrechtsschutz zugelassen ist, bedarf der vorherigen Zustimmung des Verla-
ges. Das gilt insbesondere für Vervielfältigungen, Bearbeitungen, Übersetzungen,
Mikroverfilmungen, Auswertungen durch Datenbanken und für die Einspeicherung
und Verarbeitung in elektronische Systeme. Alle Rechte, auch die des auszugsweisen
Nachdrucks, der fotomechanischen Wiedergabe (einschließlich Mikrokopie) sowie
der Auswertung durch Datenbanken oder ähnliche Einrichtungen, vorbehalten.

Impressum:

Copyright © 2003 GRIN Verlag GmbH
Druck und Bindung: Books on Demand GmbH, Norderstedt Germany
ISBN: 978-3-640-28204-3

GRIN - Your knowledge has value

Der GRIN Verlag publiziert seit 1998 wissenschaftliche Arbeiten von Studenten, Hochschullehrern und anderen Akademikern als eBook und gedrucktes Buch. Die Verlagswebsite www.grin.com ist die ideale Plattform zur Veröffentlichung von Hausarbeiten, Abschlussarbeiten, wissenschaftlichen Aufsätzen, Dissertationen und Fachbüchern.

Besuchen Sie uns im Internet:

http://www.grin.com/

http://www.facebook.com/grincom

http://www.twitter.com/grin_com

Universität Hannover

Seminar für deutsche Literatur und Sprache

Seminar: „Sigmund Freuds Traumdeutung"

Wintersemester 2002 / 2003

Rechnen und Reden im Traum

In Sigmund Freuds Traumdeutung - Kapitel VI. *Die Traumarbeit*

Eine vergleichende Untersuchung unter Einbeziehung von Beispielen aus der antiken griechischen Literatur

Schriftliche Ausarbeitung des Referats vom 23.01.2003

Marijke Scholz

Inhalt

Einleitung

Die nachfolgende schriftliche Ausarbeitung des Referates über das Rechnen und Reden im Traum vom 23.01.2003, bezieht sich auf das sechste Kapitel „Die Traumarbeit" in Sigmund Freuds *Traumdeutung*. Gemäß den in diesem Abschnitt behandelten Inhalten soll schwerpunktmäßig eine Unterteilung in die Themenbereiche Zahlen und Rechnungen, Rede, psychoanalytische Kur und Symbolik erfolgen. Zu diesen einzelnen Themenbereichen finden sich auch Beispiele in der Literatur der griechischen Antike, welche Freud selbst gelegentlich als Quelle seiner Ideen von Nutzen war. Jene Beispiele, die in diesem Zusammenhang hier angeführt werden, sollen einen Eindruck davon vermitteln, wie lange Träume schon maßgeblich in der Literatur und im Leben der Menschen vertreten sind. Auch wenn hier mit Absicht nicht auf den allgemein angenommenen Ursprung der Traumdeutung in Mesopotamien über zweitausend Jahre vor Homer eingegangen wird, ist doch anzunehmen, dass ein Zeitraum von beinahe eintausend Jahren ebenfalls ausreicht, um anzudeuten, dass sich bis zu Freud vieles verändert hat, wobei das Interesse am Traum stets gleich groß geblieben zu sein scheint. Die Darstellung der gewählten Beispiele soll dabei so erfolgen, dass sie thematisch an Freuds Darlegungen anknüpfen. Schließlich soll resümiert werden, wo genau Gemeinsamkeiten und Unterschiede in den Anschauungen Freuds und der antiken Literatur festzustellen sind und welche Veränderungen demzufolge im Laufe der Zeit stattgefunden haben mögen.

Zahlen und Rechnungen im Traum

Im sechsten Kapitel „Die Traumarbeit" seiner Traumdeutung[1] beschäftigt sich Sigmund Freud unter Abschnitt F mit dem Rechnen und Reden im Traum. Am Beispiel der Zahlen und Rechnungen will er zeigen, „worin die Traumarbeit besteht, und wie sie mit ihrem Material, den Traumgedanken, umspringt"(S.F.: S. 412).

Nach seiner Auffassung behandele sie „die Zahlen in genau der nämlichen Weise als Material zum Ausdruck ihrer Absichten wie alle anderen Vorstellungen, wie auch die Namen und die als Wortvorstellungen kenntlichen Reden" (ebd.: S. 415). Daraus schließt Freud, dass die Traumarbeit überhaupt nicht rechne, „weder richtig noch falsch; sie fügt nur Zahlen, die in den Traumgedanken vorkommen und als Anspielung auf ein nicht darstellbares Material dienen können, in der Form einer Rechnung zusammen" (ebd.: S. 415). Dieser Methode bediene sich der Traum außerdem bei der Darstellung der Kindheit, in welche der Träumende manchmal während des Schlafes zurückversetzt wird, wofür Freud zwei Beispiele anführt: Zum einen ist es möglich, dass Zeit in Raum übersetzt wird und man die „betreffenden Personen und Szenen wie weit entfernt am Ende eines langen Weges oder so, als ob man sie mit einem verkehrt gerichteten Opernglas betrachten würde" sieht (ebd.: S. 407). Zum anderen kann es auch geschehen, dass die Tageszeiten im Traum Lebenszeiten der Kindheit vertreten. Dies veranschaulicht Freud am Beispiel eines Traumes, in dem „um ¼ 6 Uhr früh bei einem Träumer das Alter von 5 Jahren und 3 Monaten, den bedeutungsvollen Zeitpunkt der Geburt eines jüngeren Bruders" bedeutet (ebd.: S. 408).

Da Freud auf Seite 412 bemerkt, dass geträumte Zahlen überdies dem Aberglauben „als besonders verheißungsvoll gelten", kann es von Interesse sein, um einige Jahrhunderte in der Zeit zurückzugehen und sich eine Epoche etwas näher anzuschauen, in der die Traumdeutung bereits seit langem existierte aber eine Wissenschaft – wie wir sie heute kennen – noch in den Kinderschuhen steckte. Gemeint ist damit die griechische Antike, aus der Freud selbst oft Anregungen für seine weiterführenden Untersuchungen aufnahm. Grundlegend ist hierbei jedoch zu unterscheiden, dass Träume in der betreffenden Epoche noch als Vorzeichen auf bald eintreffende Ereignisse aufgefasst wurden und ihr Ursprung nicht im seelischen Leben des Träumenden, sondern in der Willkür der Götter gesucht wurde, welche den Schlaf der Menschen nutzen, um mit ihnen in Verbindung zu treten.

---

[1]Im Folgenden zitiert und im Fließtext übernommen nach: Sigmund Freud: Die Traumdeutung; Fischer Verlag, Frankfurt am Main 1991

Der Prozess gegen Sokrates[2] fand zu Beginn des Monats Anthesterion im Jahre 399 v.Chr. statt. Zu dieser Zeit entsandte Athen regelmäßig eine Delegation zum Apollon-Fest nach Delos und bis zur Rückkehr dieser Festgesandten durfte kein Todesurteil vollstreckt werden. Im Traum sah Sokrates seine Hinrichtung voraus:

> *„Kriton.*
>
> *... Hieraus geht hervor, dass (das Schiff der Gesandten; Anm.d.Verf.) heute noch eintrifft, und so wird mit Notwendigkeit, Sokrates, morgen dein Leben enden.*
>
> *...*
>
> *Sokrates.*
>
> Ich glaube aber nicht, dass es schon am heutigen Tage eintreffen wird, sondern erst morgen. Ich schließe das aus einem Traum, der mir vor kurzem in dieser Nacht erschienen ist. Offenbar hast du mich in einem günstigen Augenblick noch etwas schlafen lassen.
>
> *Kriton.* Was war das für ein Traum?
>
> *Sokrates.* Eine Frau, die an mich herantrat, schön und wohlgestaltet, in einem weißen Gewande, schien mich anzusprechen und zu sagen:
>
> „Sokrates,
>
> Wirst wohl am dritten Tag erst zum fruchtbaren Phthia gelangen." (Platon: Kriton 44 a-c)

Um die tiefe Religiosität der damaligen Bevölkerung im Hinblick auf die Bedeutung des Traums als schicksalsverkündende Botschaften göttlichen Ursprungs zu veranschaulichen, sei hier darauf hingewiesen dass die Feierlichkeiten zu Ehren des Apollon in Delos 426 v.Chr. von den Athenern wieder eingeführt wurden. Apollon wurde lange als pestsendender Gott angesehen und Athen war gerade dabei, sich von einer verheerenden Pestepidemie zu erholen (vgl. Davidson[3]: S.322). Die olympische Religion tendierte damals „in ihrer versittlichten Form dahin, eine Religion der Angst zu werden. Die Übertragung des Begriffs der Reinheit von der magischen in die moralische Sphäre vollzog sich erst in den letzten Jahren des fünften Jahrhunderts" (vgl.Dodds[4]: S.23).

Interessanterweise verweist aber der Traum des Sokrates auf eine zeitlich noch früher gelegene Epoche: Er ist ein Homer[5]-Zitat:

> *„Achill:* Wie in der Frühe auf fischreichem Hellespontos sie fahren,
>
> Unsere Schiffe mit eifrig rudernden Männern darinnen;

---

[2] Platon: Apologie des Sokrates, Kriton; Philipp Reclam jun.; Stuttgart 2000
[3] James N. Davidson: Kurtisanen und Meeresfrüchte - Die verzehrenden Leidenschaften im klassischen Athen, Wissenschaftliche Buchgesellschaft; Darmstadt 1997 (dt.1999)
[4] Eric Robertson Dodds: Die Griechen und das Irrationale, Wissenschaftliche Buchgesellschaft Darmstadt 1970
[5] Homer: Ilias (IX 360-363); Philipp Reclam jun.; Stuttgart 2001

Wenn uns dann Fahrwind gibt der berühmte Erdenerschüttrer,

Könnt ich am dritten Tag zum fruchtbaren Phthia gelangen."

Schon bei Homer sind Träume "Boten der Götter". Die Absender erscheinen dem Träumenden entweder selbst oder offenbaren sich ihm in Gestalt eines ihm nahestehenden Menschen. Die Botschaft gelangt dann zwar aus dem Munde eines Sterblichen an den schlafenden Adressaten, aber es wird ihm ganz klar gemacht, dass sie auf einen göttlichen Auftraggeber zurückgeht (vgl. Hermes[6]: S.11)

Die Rede im Traum

Im Bezug auf die im Traum vorkommende Rede bemerkt Freud, welcher sich einer vom Götterglauben emanzipierten Sichtweise auf Traumvorgänge bedient, dass „zu Zwecken der Darstellung im Traume die Orthographie weit hinter den Wortklang zurücktritt" (S.F.: S. 406). Ferner meint er, es würde „uns nicht gerade wundernehmen, wenn sich z.B. der Reim ähnliche Freiheiten gestattend darf". Auch könne die Traumarbeit sich „den Umstand, dass der darzustellende Ausdruck zweideutig ist, zunutze machen und, den Doppelsinn als ‚Weiche' benutzen, statt der ersten in den Traumgedanken vorkommenden Bedeutung die zweite in den manifesten Trauminhalt aufnehmen" (ebd.: S. 409; Herv.i.O.). Dafür habe die Sprache in anderen Fällen dem Träumer die Darstellung seiner Gedanken sehr leicht gemacht, da sie über eine ganze Reihe von Worten verfügt „die ursprünglich bildlich und konkret gemeint waren und gegenwärtig im abgeblassten, abstrakten Sinne gebraucht werden" (ebd.: S. 406). Demnach brauche der Traum „diesen Worten nur ihre frühere volle Bedeutung wiederzugeben oder in dem Bedeutungswandel des Wortes ein Stück weit herabzusteigen". (Hierfür bringt er das Beispiel: Kasten = Schrank = einschränken).

Ein schönes Beispiel für die Beziehung zwischen Orthographie und Wortklang findet sich wiederum in der griechischen Antike: Irgendwann zwischen 356 und 323 v.Chr. hatte nach Plutarch[7] Alexander der Große einen Traum, den Laura Hermes wie folgt beschreibt:

---

[6] Laura Hermes: Traum und Traumdeutung in der Antike,
Artemis & Winkler, Zürich und Düsseldorf 1996
[7] Plutarch, Alexander 24

„Ein ( ) Satyr ... erschien einst Alexander dem Großen während seines Eroberungsfeldzuges im Traum. Der Satyr schäkerte eine Zeitlang mit dem König, blieb dabei aber auf Distanz zu seinem Gegenüber. Als Alexander nach ihm greifen wollte, entzog er sich blitzschnell dieser „Werbung" und lief davon. Alexander aber gab nicht auf. Er verfolgte ihn, aber erst nach langem Zureden und energischem Einsatz gelang es ihm, den Satyr zu fangen. Am nächsten Morgen konsultierte der König seine Traumdeuter. Man müsse nur das Wort, das die Traumgestalt bezeichne, richtig zerlegen. Und zwar in *sa Tyros* – ‚dein Tyros' -, was nichts geringeres verheiße als das Erreichen des gerade angestrebten Kriegsziels" (Hermes: S.33)

Da die Träume bei Freud dem Träumenden nicht von außen zukommen, ihre Absicht also nicht fremdbestimmt ist, muss die Traumarbeit also mit dem Material auskommen, das ihr der Träumende selbst zur Verfügung stellt. Daher kann sie „auch keine Rede neu schaffen". Die Analyse zeigt Freud, dass der Traum dabei „nur Bruchstücke von wirklich geführten oder gehörten Reden den Traumgedanken entnommen hat und höchst willkürlich mit ihnen verfahren ist. Bei dieser Neuverwendung hat er oft den Sinn, den die Worte in den Traumgedanken hatten, beiseitegelassen und dem Wortlaut einen völlig neuen Sinn abgewonnen." (S.F.: S. 416). An der Traumrede unterschiede man ferner „deutlichere, kompakte Bestandteile von anderen, die als Bindemittel dienen und wahrscheinlich ergänzt worden sind, wie wir ausgelassenen Buchstaben und Silben beim Lesen ergänzen".

„In voller Strenge richtig" sei diese Beschreibung allerdings „nur für jene Reden im Traum, die etwas vom sinnlichen Charakter der Rede haben und als ‚Reden' beschrieben werden" (ebd.: S. 417). Andere Reden im Traum, die aber nicht explizit dem Träumenden als solche empfunden werden, seien „einfach Gedanken, wie sie in unserer wachen Denktätigkeit vorkommen und unverändert in viele Träume übergehen. ... Alles aber, was im Traum als Rede irgendwie auffällig hervortritt, unterwirft sich der Zurückführung auf reale, selbst gehaltene oder gehörte Rede" (ebd.: S. 417).

Bezieht man diese Worte Freuds nun auf den Traum des Sokrates, so könnte man annehmen, dass dieser wohl Kenntnis von den Worten Achills im homerischen Epos gehabt haben mag. Ob allerdings Platon, aus dessen Feder die *Apologie des Sokrates* ja stammt, vor diesem Hintergrund seinem Helden die Worte in den Mund gelegt hat, ist eher unwahrscheinlich. Zwar hat sich in der Zeit zwischen Homer und Platon einiges getan: Dodds zufolge hatte bereits Aischylos versucht seine Landsleute „durch die Welt der Dämonen ... hindurch und aus ihr herausführen" (vgl. Dodds: S.28). In der *Orestie*[8] zeigt dieser, dass die Realität dieser Welt „einer tieferen Interpretation zugänglich ist und dass sie – in den ‚Eumeniden' – durch Athenes Wirken umgeformt wird in die neue Welt vernunftgemäßer Gerechtigkeit" (ebd.: S.28). Zur Veranschaulichung sei hier kurz aus dem Traum der Erinnyen folgendes zitiert:

> *„Mit seines Herdes Greuel entweiht*
> *Der Seher aus eigenem Willen und Drang*
> *Sein Haus, ehrt Menschen wider das Recht*
> *Der Götter und tilgt*
> *Die altgeborenen Mächte."*   (Aischylos: Die Eumeniden 169-173)

Nach Dodds kann man in archaischer Zeit zum erstenmal eine „Art von Dämon" beobachten, die „dem einzelnen Individuum, gewöhnlich schon von Geburt an, beigegeben" ist und „ganz oder teilweise sein individuelles Schicksal" bestimmt. Dieses Schicksal wird aber nicht „als ein äußerlicher Zufall verstanden, es gilt vielmehr genauso als natürliche Begabung wie Schönheit oder Talent" (Dodds: S.29). Nach Platon würde der Dämon – so Dodds – „ zu einer Art von erhabenem Schutzgeist bzw. zu einem Freudschen Über-Ich" (ebd.: S.30). Schon Platon betrachtete unsere Träume als Schauplatz derjenigen Triebe, die im Wachen nicht zum Durchbruch kommen. Und Hermes weist darauf hin, dass Platon uns nahe lege, „uns mit einer bestimmten Pflege und Lebensweise vorzubereiten, bevor wir zum Schlafen gehen, damit wir in den Träumen deutlicher sehen" (Hermes: S.181 f.).

Doch was Platon und seine Zeitgenossen im Traum zu sehen erhofften, bezog sich noch immer auf zukünftige Ereignisse, die schicksalsbestimmend auf den Träumenden und sein Umfeld einwirken würden.

Freud sieht im Traum eher einen Wegweiser in die andere Richtung – in den Träumenden hinein: Ereignisse, die bereits stattgefunden haben und dabei im Seelenleben des Träumenden ihre Eindrücke hinterlassen haben, wirken sich auf die zukünftigen Bereiche aus, die mit der psychischen und physischen Verfassung des Träumenden in Verbindung stehen.

---

[8] Aischylos: Die Orestie – Agamemnon, Die Totenspende, Die Eumeniden; Philipp Reclam jun., Stuttgart 1999

Die Kur im Traum

Der psychosomatische Charakter vieler Krankheiten war auch schon vielen Medizinern des Altertums durchaus bewusst und schon damals fand die Kur ihrer körperlichen oder seelischen Leiden Eingang in die Träume der Menschen. Freud meint es sei „nicht zu verwundern, dass Personen, die in psychoanalytischer Behandlung stehen, häufig von dieser träumen und alle die Gedanken und Erwartungen, die sie erregt, im Traume ausdrücken müssen" (S.F.: S. 408). Das für die Kur gewählte Bild sei „in der Regel das einer Fahrt, meist im *Automobil*, als einem neuartigen und komplizierten Vehikel" (Herv.i.O.).

Asklepios[9] galt, ein Sohn des auch für die Heilkunst zuständigen Apollon, im Altertum als göttlicher Heiler. Er war der Schutzpatron der Ärzte, wurde aber auch von Kranken angerufen, bei denen die Mediziner mit ihrer Kunst nicht mehr weiter wussten. Schon dieser setzte bei der Seele des Patienten an, um körperliche Störungen zu kurieren und kann von daher – wie Hermes es tut – als „Psych-iater, als Seelenarzt" bezeichnet werden (vgl. Hermes: S.163). Im Heilwesen des Altertums war der Asklepios-Kult als zweite Säule neben dem traditionellen Heilsystem der Ärzte-Medizin fest verankert. Der Glaube an medizinische Traumbotschaften war so stark, dass sich eine institutionalisierte Form dieser Heilmethode herausbilden konnte, die sich seit dem 5. Jahrhundert v.Chr. in den Asklepios-Heiligtümern zunächst der griechischen, dann seit dem 3. Jh. v.Chr. auch auf die römische Welt ausbreitete, wobei das führende Asklepios-Heiligtum das von Epidauros war. Die Heilmethode der Inkubation verlangte, dass die Patienten im Tempelbereich gemeinsam auf einfachen Pritschen oder auf dem nackten Boden schliefen (Tempelschlaf) und sich die Epiphanie des Heilgottes erhofften.

Was die heilsamen Träume des griechischen Altertums von denen, welche Freud Jahrhunderte später mit seinen Patienten analysierte, grundlegend unterscheidet, ist die Deutlichkeit, mit der sich der Trauminhalt dem Träumenden offenbart. Freud unterscheidet zwischen dem *latenten* und dem *manifesten* Trauminhalt. Die Heilträume während des Tempelschlafs scheinen überhaupt keine latenten Trauminhalte zu enthalten – oder anders gesagt –es erscheint hier nicht nötig zu sein, psychisch Bedeutsames in verschlüsselter Form an der Zensur vorbeizuschmuggeln. Asklepios zeigte sich, Berichten zufolge, die Patienten nachher von ihren Traumerlebnissen gaben, in aller Regel so, „wie sie ihn von seinen Statuen kannten: ein bärtiger, milder Mann in mittleren Jahren, der mit angenehmer, ruhiger Stimme sprach" (ebd.:

---

[9] Sohn des Apollo, der für seine Heilkünste berühmt war, die er entweder von einem Kentauren oder von seinem Vater selbst erlernte. Er wurde zum Gott erhoben, Zeus setzte ihn, eine heilende Schlange haltend, als Sternbild ans Firmament. Nach dem Mythos sollen ihm Schlangen heilende Kräuter gezeigt haben, tatsächlich ist die Schlange wohl eines seiner Attribute als ursprünglicher Orakel-Heros. Römischer Name: Äskulap

S.165 f.). Bei anderen traten Schlange oder Hund des Gottes in Erscheinung, oder sie träumten, Asklepios verordne ihnen bestimmte Medikamente, oder er erlegte ihnen Heilkuren wie etwa eine Bädertherapie auf. Erstaunlich groß war demzufolge die Zahl der Spontan-Heilungen, welche – lässt man den Aspekt der göttlichen Eingebung außer Acht – als ein Beweis der ungeheuren Kraft der Autosuggestion angesehen werden können. Freud hatte wiederum in die entgegengesetzte Richtung zu arbeiten: Oft waren es gerade die *Krankheiten* der Patienten, die durch die Suggestion des Unbewussten hervorgerufen wurden. Um eine Heilung zu ermöglichen, mussten die betreffenden psychischen Prozesse erst *erinnert, wiederholt und durchgearbeitet* werden, wie uns unter anderem seine Hysteriestudien[10] zeigen.

Symbole im Traum

Asklepios sprach Klartext und musste sich keine Symbole zur Verschlüsselung schaffen, weshalb die damaligen Traumdeuter im Einzugsbereich der Heiligtümer wenig zu tun hatten, da eine Interpretation der Träume nicht erforderlich war. Dass Ihre Zunft dennoch ihre eigene „Dechiffriermethode" entwickelte und sich Jahrhunderte lang mit Traumsymbolen und deren Bedeutung beschäftigte, lag daran, dass es auch andere Träume gab, deren Bedeutung dem Träumenden nicht so unmittelbar offenbart wurden. Traumdeutung, die ονειροκριτή, war eine anerkannte Weissagungs-Technik, die sich im Laufe der Jahrhunderte immer feiner entwickelte. „Zahllose Deutungserfahrungen – vor allem die Symbolik der Traumgegenstände – wurden gesammelt und in einer umfangreichen Fachliteratur zusammengestellt" (Hermes: S.13). Auch Freud gibt im sechsten Kapitel seiner *Traumdeutung* einige Beispiele dafür, dass manche Trauminhalte in der Traumarbeit eine symbolische Verschlüsselung erfahren haben: „Soll das ‚*Unbewusste*' als Element der Wachgedanken im Traume Darstellung finden, so ersetzt es sich ganz zweckmäßigerweise durch ‚*unterirdische*' Lokalitäten, die andere Male, ganz ohne Beziehung zur analytischen Kur, den Frauenleib oder den Mutterleib bedeutet hatten". Ferner bezöge sich das „‚*Unten*' im Träume" sehr häufig auf die „*Genitalien*, das gegensätzliche ‚*oben*' auf Gesicht, Mund oder Brust" und mit *wilden Tieren* symbolisiere die Traumarbeit „in der Regel leidenschaftliche Triebe, sowohl die des Träumers als auch die anderer Personen, ... der vom Ich gefürchteten, durch Verdrängung bekämpften Libido" (S.F.: S. 409; Herv.i.O.). Sogar die Neurose selbst könne vom Träumer abgespalten und im Traum als selbstständige Person dargestellt werden.

---

[10] vgl. auch: Anna Freud, Ilse Gubrich-Simitis (Hg.): Sigmund Freud: Werkausgabe in zwei Bänden; Band 1 (Elemente der Psychoanalyse) S.518-526; S. Fischer Verlag, Frankfurt am Main 1978

Sigmund Freud hat sich intensiv mit seinem antiken Kollegen Artemidor[11] beschäftigt, dessen Werk im Mittelalter sogar ins Arabische übersetzt wurde. Aus seiner Feder stammt laut Hermes „das einzig erhaltene ‚Traumbuch', eine lexikonartige Fallsammlung von rund 1400 Traummotiven und deren Deutung" (Hermes: S.64). Beiden, Freud wie Artemidor, gemeinsam ist ihre Auffassung, dass die Lebensumstände eines Klienten / Patienten, wie die soziale Stellung des Ratsuchenden, die berufliche Tätigkeit und die Vermögenssituation, die familiären Verhältnisse, die Gesundheit und die gegenwärtige psychische Befindlichkeit eine wichtige Rolle bei der Deutung ihrer Träume spielen. Auch die Einsicht, dass „einzig die lückenlos wiedergegebene Traumwahrnehmung" sich dem Verständnis erschließe, teilt Freud mit Artemidor. Nur geht er noch einen entscheidenden Schritt weiter, wenn er sagt, dass jeder seine Träume nur selbst zu deuten vermöchte. Aus der nachfolgenden Klassifizierung, die Artemidor für die allegorischen Träume vorgenommen hat ergibt sich eine weitere Differenz, die weiter oben bereits angesprochen wurde: Auch im zweiten nachchristlichen Jahrhundert werden die Träume noch immer als Verkündigung zukünftig eintreffender Ereignisse aufgefasst. Artemidor unterscheidet zwischen

1. persönlichen Träumen, die sich nur an den Träumenden selbst richten und nur für ihn in Erfüllung gehen

2. jenen, bei denen der Träumende Zukunftsbotschaften für einen anderen erschaut

3. jenen, die für den Träumenden und einige Mitbeteiligte gelten

4. den sogenannten politischen Träumen, welche die gesamte Bürgerschaft einer Stadt tangieren

5. und jenen, die besondere meteorologische Phänomene wie Sonnen- und Mondfinsternisse umfassen und wegen ihrer „weltweiten" Gültigkeit als „kosmische" Traumgesichte eingestuft wurden (vgl. Hermes: S.59).

Dass Artemidor auch den sozioökonomischen Kontext des Träumenden bedacht hat, zeigt die auffällige Differenzierung der Trauminterpretation nach dem Beruf und der sozialen Stellung des Träumenden. Hermes weist darauf hin, dass „den ca. 1400 Traummotiven der Sammlung mehr als doppelt so viele, nämlich an die 3000 Deutungen gegenüberstehen – je nach der Person des Träumenden" (ebd.: S.67). Trotzdem handelt es sich bei den Symbolen in Artemidors lexikonartigem Traumbuch um stark verallgemeinerte Bilder, die zwar auf differenzierte Gesellschaftsschichten, nicht jedoch auf Individuen anwendbar sind. Hermes betont, man dürfe dabei „aber nicht vergessen, dass gerade Symbole im Volksglauben stark verankert waren und

---

[11] lebte von ca. 100- ca.180 n.Chr.

uns viele zeitgenössische Vorstellungen – und die Bezugswelt auch der allegorischen Träume ist ja die Lebenswelt der Antike! – fremd geworden sind" (ebd.: S.68 f.; Herv.i.O.)

Wenn Freud nun hervorhebt, „die Traumarbeit bediene sich zur visuellen Darstellung der Traumgedanken aller ihr zugänglichen Mittel, ob sie der Wachkritik erlaubt oder unerlaubt erscheinen mögen", so bezieht sich dies also auf die seinerzeit bestehende Lebenswelt, welche – wie auch die Traumdeutung – im Laufe der Jahrhunderte zahlreiche Modifikationen erfahren hat, und aus welcher die Traumarbeit die „ihr zugänglichen Mittel" schöpft (vgl. S.F.: S. 410).

Schlussbemerkung

Abschließend soll nun zusammengefasst werden, inwieweit sich Freuds Ansichten zu den jeweiligen Themenbereichen mit jenen decken, die sich aus den literarischen Zeugnissen der griechischen Antike herauslesen lassen oder inwieweit sie sich von diesen unterscheiden: Bezogen auf die Rechnung im Traum, kann man in beiden Fällen sagen, dass sie dort vorkommt. In der antiken Traumrede kann ebenfalls die Orthographie hinter den Wortklang zurücktreten und den visuell dargestellten Worten eine andere Bedeutung verleihen. Desgleichen kann die im Traum gehörte Rede real gehörte Rede sein. Hierbei, wie auch in all den hier zitierten Beispielen, muss man sich allerdings klar darüber sein, dass es Literaten sind, welche über die Träume ihrer Protagonisten berichten, nicht – wie in Freuds Fall – echte Patienten und somit reale Fallgeschichten. Personen, die in Behandlung stehen, träumen häufig von dieser, sei die Behandlung nun zum Zwecke der Psychoanalyse oder der Inkubation. Auch Symbole werden gleichsam zur visuellen Darstellung der Trauminhalte verwendet.

Aber: Der Traum in der Antike rechnet *richtig*, denn die Rede – sowie auch die Heilung - ist göttlichen Ursprungs, die Symbole entspringen nicht dem einzelnen Individuum, sondern sind allgemein anwendbar auf spezifische Bevölkerungsgruppen. Der Traum in der Antike hat (in den ausgewählten Beispielen) keine latenten Anteile, er verweist immer auf die Zukunft, ist unmittelbar verständlich und – wenn dies einmal nicht der Fall ist – dann ist es die Absicht desjenigen Gottes gewesen, der den Schlaf des Träumenden genutzt hat, um mit diesem in Verbindung zu treten.

Es hat sich eine Entwicklung von einer religiös-mythisch geprägten Traumbetrachtung zur individualpsychologischen Traumanalyse vollzogen, bei der nicht das Schicksal, sondern unbewusst ablaufende psychische Vorgänge, Einfluss nehmen auf die nächtlichen Traumerlebnisse. Der Traum ist auch bei Freud noch immer eine Botschaft, doch stammt sie aus dem Unbewussten des Träumenden und wird diesem nicht von einer übernatürlichen Macht gesandt.

Literaturverzeichnis

1. Aischylos: Die Orestie – Agamemnon, Die Totenspende, Die Eumeniden; Philipp Reclam jun., Stuttgart 1999

2. Davidson, James N.: Kurtisanen und Meeresfrüchte - Die verzehrenden Leidenschaften im klassischen Athen, Wissenschaftliche Buchgesellschaft; Darmstadt 1997 (dt.1999)

3. Dodds, Eric Robertson: Die Griechen und das Irrationale, Wissenschaftliche Buchgesellschaft Darmstadt 1970

4. Freud ,Anna und Gubrich-Simitis, Ilse (Hg.): Sigmund Freud: Werkausgabe in zwei Bänden; Band 1 (Elemente der Psychoanalyse) S.518-526; S. Fischer Verlag, Frankfurt am Main 1978

5. Freud, Sigmund: Die Traumdeutung; Fischer Verlag, Frankfurt am Main 1991

6. Hermes, Laura: Traum und Traumdeutung in der Antike, Artemis & Winkler, Zürich und Düsseldorf 1996

7. Homer: Ilias; Philipp Reclam jun.; Stuttgart 2001

8. Platon: Apologie des Sokrates, Kriton; Philipp Reclam jun.; Stuttgart 2000